Contents

a

adult
el **adulto**

after
después de
after lunch
después de comer

afternoon
la **tarde**
at three o'clock in the
afternoon
*a las tres de la **tarde***

again
otra vez
*Try **again**!*
¡Inténtalo
***otra vez**!*

airport
el **aeropuerto**

alien
el
extraterrestre

alphabet
el **alfabeto**

abc

ambulance
la **ambulancia**

and
y
my brother
***and** me*
mi hermano
***y** yo*

animal
el **animal**

apple
la **manzana**

arm
el **brazo**

ask
preguntar
***Ask** somebody.*
***Pregúntale** a alguien.*

a
b
c
d
e
f
g
h
i
j
k
l
m
n
o
p
q
r
s
t
u
v
w
x
y
z

b

balloon
el **globo**

banana
el **plátano**

baby
el **bebé**

basket
la **cesta**

bad
malo,
mala
bad *weather*
mal *tiempo*

bath
el **baño**

bag
la **mochila**

ball
el **balón**
(los balones *pl*)

bed
la **cama**

bedroom
la **habitación**
(las habitaciones *pl*)

before
antes de
before *three o'clock*
antes de *las tres*

beach
la **playa**

bicycle
la **bicicleta**

big
grande
*a **big** house*
*una casa **grande***

bird
el **pájaro**

birthday
el **cumpleaños**
(los cumpleaños *pl*)

black
negro,
negra
*a **black** car*
*un coche **negro***

blanket
la **manta**

blue
azul
*a **blue** dress*
*un vestido **azul***

boat
el **barco**

body
el **cuerpo**

book
el **libro**

boot
la **bota**

box
la **caja**

boy
el **niño**

bread
el **pan**

breakfast
el **desayuno**

bridge
el **puente**

bring
traer

*Could you **bring** me a glass of water?*

*¿Me podrías **traer** un vaso de agua?*

brother
el **hermano**

bucket
el **cubo**

burger
la **hamburguesa**

bus
el **autobús**

butter
la **mantequilla**

butterfly
la **mariposa**

buy
comprar

*She's **buying** bread.*
*Está **comprando** pan.*

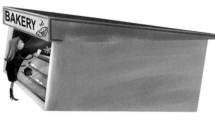

c

cake
la **tarta**

calendar
el **calendario**

call
llamar

Call this number.
Llama a este número.

candle
la **vela**

cap
la **gorra**

car
el **coche**

card
la **tarjeta**

carpet
la **moqueta**

carrot
la **zanahoria**

castle
el **castillo**

cat
el **gato**

chair
la **silla**

cheese
el **queso**

chicken
el **pollo**

child
el **niño,**
la **niña**

circle
el **círculo**

clock
el **despertador**

clothes
la **ropa**

chocolate
el **chocolate**

circus
el **circo**

cloud
la **nube**

classroom
la **clase**

chopsticks
los **palillos chinos**

clean
limpio,
limpia
a **clean** shirt
una camisa **limpia**

clown
el **payaso**

cinema
el **cine**

coat
el **abrigo**

coffee
el **café**

cold
frío,
fría

*The water's **cold**.*
*El agua está **fría**.*

come
venir
***Come** with me.*
***Ven** conmigo.*

computer
el **ordenador**

cook
cocinar
*I can **cook**.*
*Sé **cocinar**.*

costume
el **disfraz**
(los disfraces *pl*)

countryside
el **campo**

cow
la **vaca**

cry
llorar
*Why **are** you **crying**?*
*¿Por qué **lloras**?*

curtain
la **cortina**

d

daughter
la **hija**

day
el **día**
*What **day** is it today?*
*¿Qué **día** es hoy?*

dinner
la **cena**

dinosaur
el **dinosaurio**

dad
el **papá**

dance
bailar
*I like **dancing**.*
*Me gusta **bailar**.*

dessert
el **postre**

dirty
sucio,
sucia
*My shoes are **dirty**.*
*Tengo los zapatos **sucios**.*

dictionary
el **diccionario**

dangerous
peligroso,
peligrosa
*It's **dangerous**!*
*¡Es **peligroso**!*

difficult
difícil
*It's **difficult**.*
*Es **difícil**.*

do
hacer
*What **are** you **doing**?*
*¿Qué **estás haciendo**?*

doctor
el **médico,**
la **médica**

door
la **puerta**

dream
el **sueño**

dog
el **perro**

downstairs
abajo
*I'm **downstairs**!*
*¡Estoy **abajo**!*

dress
el **vestido**

doll
la **muñeca**

dragon
el **dragón**
(los dragones *pl*)

drink
beber
Drink your milk.
Bebe tu leche.

dolphin
el **delfín**
(los delfines *pl*)

draw
dibujar
Draw a house.
Dibuja una casa.

duck
el **pato**

DVD
el **DVD**
(los DVDs *pl*)

e

egg
el **huevo**

evening
la **tarde**
*at six o'clock in the **evening***
*a las seis de la **tarde***

ear
la **oreja**

elephant
el **elefante**

every
todos,
todas
every day
todos los días

Earth
la **Tierra**

email
el **email**

easy
fácil
*It's **easy**!*
*¡Es **fácil**!*

exercise
el **ejercicio**

eat
comer
*I **eat** a lot of sweets.*
***Como** muchos caramelos.*

empty
vacío,
vacía
*The bottle is **empty**.*
*La botella está **vacía**.*

eye
el **ojo**

f

face
la **cara**

fairy
la **hada**

family
la **familia**

fast
rápido
You walk fast.
Andas rápido.

father
el **padre**

favourite
favorito,
favorita
Blue's my favourite colour.
El azul es mi color favorito.

find
encontrar
I can't find my bag.
No encuentro mi mochila.

finger
el **dedo**

fire
el **fuego**

fireworks
los **fuegos**
artificiales *pl*

first
primero,
primera
the first day
el primer día

fish
el **pez**
(los peces *pl*)

a b c d e f g h i j k l m n o p q r s t u v w x y z

floor
el **suelo**
Sit on the floor.
Siéntate en el suelo.

flower
la **flor**

fly
la **mosca**

food
la **comida**

football
el **fútbol**

forest
el **bosque**

fork
el **tenedor**

fridge
el **frigorífico**

friend
el **amigo,**
la **amiga**

frog
la **rana**

from
de
a letter from my friend
una carta de mi amigo

fruit
la **fruta**

full
lleno,
llena
The bottle's full.
La botella está llena.

funny
divertido,
divertida
It's very funny.
Es muy divertido.

g

ghost
el **fantasma** _m_

give
dar
Give me the book, please.
Dame el libro, por favor.

game
el **juego**

giant
el **gigante**

glass
el **vaso**

garage
el **garaje**

giraffe
la **jirafa**

glasses
las **gafas** _pl_

garden
el **jardín**
(los jardines _pl_)

girl
la **niña**

glove
el **guante**

glue
el **pegamento**

go
ir
*Where **are** you **going**?*
*¿Adónde **vas**?*

goodbye
¡adiós!

grow
crecer
*Haven't you **grown**!*
*¡Cómo has **crecido**!*

goat
la cabra

grapes
las uvas *pl*

guinea pig
el conejillo de Indias

goldfish
el pez de colores
(los peces de colores *pl*)

grass
la hierba

guitar
la guitarra

ground
el suelo
*We sat on the **ground**.*
*Nos sentamos en el **suelo**.*

good
bueno, buena
*That's a **good** idea.*
*Ésa es una **buena** idea.*

h

a b c d e f g h i j k l m n o p q r s t u v w x y z

happy
contento,
contenta
She is **happy**.
Está **contenta**.

head
la **cabeza**

hair
el **pelo**
He's got black **hair**.
Tiene el **pelo** *negro*.

hear
oír
I can't **hear** *you*.
No te **oigo**.

hard
duro,
dura
This cheese is very **hard**.
Este queso está muy **duro**.

hairdresser
el **peluquero,**
la **peluquera**

hedgehog
el **erizo**

helicopter
el **helicóptero**

hamster
el **hámster**
(los hámsters *pl*)

hat
el **sombrero**

hand
la **mano** *f*

have
tener
I **have** *a bike*.
Tengo *una bici*.

hello
¡hola!

16

here
aquí
*I live **here**.*
*Yo vivo **aquí**.*

horse
el caballo

house
la casa

hide
esconderse
*She's **hiding** under the bed.*
***Está escondida** debajo de la cama.*

hospital
el hospital

hungry
*I'm **hungry**.*
Tengo hambre.

hot
caliente
*a hot **bath***
*un baño **caliente***

holiday
las vacaciones *pl*
*We're on **holiday**.*
*Estamos de **vacaciones**.*

hurry up
***Hurry up**, children!*
¡Daos prisa, niños!

homework
los deberes *pl*

hour
la hora

husband
el marido

i

j

jigsaw
el **rompecabezas**
(los rompecabezas *pl*)

ice cream
el **helado**

idea
la **idea**

insect
el **insecto**

island
la **isla**

jacket
la **chaqueta**

jam
la **mermelada**

jeans
los **vaqueros** *pl*

job
el **trabajo**

juice
el **zumo**
I'd like some orange juice.
Querría un zumo de naranja.

jump
saltar
Jump!
¡Salta!

a
b
c
d
e
f
g
h
i
j
k
l
m
n
o
p
q
r
s
t
u
v
w
x
y
z

k

kind
amable
*a **kind** person*
*una persona **amable***

kite
la cometa

keep
quedarse con
*You can **keep** the book.*
*Puedes **quedarte con** el libro.*

king
el rey

kitten
el gatito

kiss
el beso
*Give me a **kiss**.*
*Dame un **beso**.*

knee
la rodilla

key
la llave

knife
el cuchillo

kid
**el niño,
la niña**

kitchen
la cocina

know
saber
*I don't **know**.*
*No lo **sé**.*

a b c d e f g h i j **k** l m n o p q r s t u v w x y z

l

lady
la **señora**

lake
el **lago**

lamb
el **cordero**

lamp
la **lámpara**

laptop
el **portátil**

late
tarde
*I'm **late** for school.*
*Llego **tarde***
al colegio.

laugh
reírse
*Why **are you laughing**?*
*¿Por qué **te ríes**?*

learn
aprender
*I'm **learning** to dance.*
***Estoy aprendiendo** a*
bailar.

leg
la **pierna**

lemon
el **limón**
(los limones *pl*)

less
menos
*I've got **less** than him!*
*¡Tengo **menos** que él!*

letter
la **carta**

light
la **luz**
(las luces *pl*)

like
gustar
*I **like** cherries.*
Me gustan *las cerezas.*

lion
el león
(los leones *pl*)

listen
escuchar
***Listen** to me.*
***Escúcha**me.*

little
pequeño, pequeña
*a **little** girl*
*una niña **pequeña***

live
vivir
*I **live** here.*
***Vivo** aquí.*

look
mirar
***Look at** the picture.*
***Mira** la foto.*

lose
perder
*I've **lost** my purse.*
***He perdido** mi monedero.*

lost
perdido, perdida
*I'm **lost**.*
*Estoy **perdido**.*

loud
alto, alta
*It's too **loud**.*
*Está demasiado **alto**.*

love
querer
*I **love** you.*
*Te **quiero**.*

lucky
*You're **lucky**!*
*¡Tienes **suerte**!*

lunch
la comida

m

magician
el **mago**

make
hacer

*I'm going to **make** a cake.*
*Voy a **hacer** un pastel.*

man
el **hombre**

many
muchos, muchas

*He hasn't got **many** friends.*
*No tiene **muchos** amigos.*

market
el **mercado**

meal
la **comida**

meat
la **carne**

medicine
la **medicina**

meet
encontrarse con

*I **met** my friend in town.*
*Me **encontré con** mi amiga en el centro.*

mermaid
la **sirena**

mess
el **desorden**

milk
la **leche**

money
el **dinero**

monkey
el **mono**

monster
el **monstruo**

month
el **mes**
*What **month** is it?*
*¿Qué **mes** es?*

moon
la **luna**

more
más
*There are **more** girls than boys.*
*Hay **más** chicas que chicos.*

morning
la **mañana**
*at seven o'clock in the **morning***
*a las siete de la **mañana***

mother
la **madre**

motorbike
la **moto**

mountain
la **montaña**

mouse
el **ratón**
(los ratones *pl*)

mouth
la **boca**

mum
la **mamá**

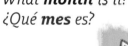

music
la **música**

n

name
el **nombre**

need
necesitar
*I **need** a rubber.*
***Necesito** una goma de borrar.*

neighbour
el **vecino**,
la **vecina**

newspaper
el **periódico**

next
próximo,
próxima
*the **next** street on the left*
*la **próxima** calle a la izquierda*

nice
simpático,
simpática
*He's **nice**.*
*Es **simpático**.*

night
la **noche**

noise
el **ruido**

nose
la **nariz**
(las narices *pl*)

nothing
nada
*He does **nothing**.*
*No hace **nada**.*

now
ahora
*Do it **now**!*
*¡Hazlo **ahora**!*

number
el **número**

123

nurse
el **enfermero**,
la **enfermera**

o

of
de
some photos **of** my family
algunas fotos **de** mi familia

old
viejo, vieja
an **old** dog
un perro **viejo**

only
único, única
my **only** dress
mi **único** vestido

open
abrir
Can I **open** the window?
¿Puedo **abrir** la ventana?

other
otro, otra
on the **other** side of the street
al **otro** lado de la calle

p

page
la **página**

paint
pintar
I'm going to **paint** il green.
Lo voy a **pintar** de verde.

paper
el **papel**

parents
los **padres** *pl*

passport
el **pasaporte**

people
la **gente**

pasta
la **pasta**

park
el **parque**

pet
la **mascota**

peas
los **guisantes** *pl*

photo
la **foto**

pen
el **bolígrafo**

party
la **fiesta**

piano
el **piano**

pencil
el **lápiz**
(los lápices *pl*)

picnic
el **picnic**

plane
el **avión**
(los aviones *pl*)

pocket
el **bolsillo**

plant
la **planta**

pocket money
la **paga**

picture
el **dibujo**

plate
el **plato**

police
la **policía**

pirate
el/la **pirata**

play
jugar
*I **play** tennis.*
***Juego** al tenis.*

pizza
la **pizza**

playground
los **columpios** *pl*

pony
el **póney**
(los póneys *pl*)

postcard
la **postal**

pretty
bonito,
bonita
a **pretty** dress
un vestido **bonito**

puppet
la **marioneta**

postman
el **cartero**

prince
el **príncipe**

puppy
el **cachorro**

pushchair
la **sillita de**
paseo

potato
la **patata**

princess
la **princesa**

pyjamas
el **pijama**

present
el **regalo**

q

r

queen
la **reina**

quick
rápido,
rápida

*a **quick** lunch*
*una comida **rápida***

quiet
tranquilo,
tranquila

*a **quiet** little town*
un pueblo pequeño y
tranquilo

rabbit
el **conejo**

race
la **carrera**

radio
la **radio**

rain
la **lluvia**

rainbow
el **arco iris**

read
leer

*I **read** a lot.*
***Leo** mucho.*

ready
listo,
lista

*Breakfast is **ready**.*
*El desayuno está **listo**.*

red
rojo,
roja

*a **red** T-shirt*
una camiseta
roja

a b c d e f g h i j k l m n o p **q** **r** s t u v w x y z

29

remember
acordarse de
*I can't **remember** his name.*
*No **me acuerdo de** su nombre.*

right
correcto, correcta
*It isn't the **right** size.*
*No es la talla **correcta**.*

robot
el robot
(los robots *pl*)

ring
el anillo

rocket
el cohete

restaurant
el restaurante

river
el río

room
la habitación
(las habitaciones *pl*)

rice
el arroz

rich
rico, rica
*He's very **rich**.*
*Es muy **rico**.*

road
la carretera

run
correr
Run!
¡Corre!

a b c d e f g h i j k l m n o p q r s t u v w x y z

S

sandwich
el **sándwich**
(los sándwiches *pl*)

say
decir
What **did you say**?
¿Qué **dijiste**?

second
segundo, segunda

sad
triste
Don't be **sad**.
No estés **triste**.

same
mismo, misma
They're in the **same** class.
Éstan en la **misma** clase.

school
el **colegio**

see
ver
I **can see** her car.
Veo su coche.

scissors
las **tijeras** *pl*

sell
vender
He's **selling** his bike.
Vende su bici.

sand
la **arena**

sea
el **mar**

a b c d e f g h i j k l m n o p q r s t u v w x y z

send
enviar
Send me an email.
Envíame un email.

shadow
la sombra

sheep
la oveja

shirt
la camisa

shoe
el zapato

shop
la tienda

shorts
los pantalones
cortos *pl*

shout
gritar
Don't shout, children!
¡Niños, no gritéis!

show
enseñar
Show me the photos.
Enséñame las fotos.

shower
la ducha

sick
enfermo,
enferma
He is sick.
Está enfermo.

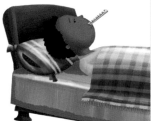

sing
cantar
I sing in the choir.
Canto en el coro.

sister
la hermana

sit
sentarse
*Can I **sit** here?*
*¿Puedo **sentarme** aquí?*

skin
la piel

skirt
la falda

sky
el cielo

sleep
dormir
*My cat **sleeps** in a box.*
*Mi gato **duerme** en una caja.*

slow
lento, lenta
*The tortoise is very **slow**.*
*La tortuga es muy **lenta**.*

smell
oler
*Mmm, that **smells** good!*
*¡Mmm, qué bien **huele** eso!*

smile
la sonrisa

snail
el caracol

snake
la serpiente

snow
la nieve

snowman
el muñeco de nieve

soap
el jabón

a b c d e f g h i j k l m n o p q r **s** t u v w x y z

sock
el **calcetín**
(los calcetines *pl*)

sofa
el **sofá**

son
el **hijo**

sorry
¡Lo siento!

soup
la **sopa**

spaceship
la **nave espacial**

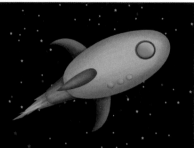

speak
hablar
Do you speak English?
¿*Hablas* inglés?

spider
la **araña**

spoon
la **cuchara**

sport
el **deporte**

square
el **cuadrado**

stairs
la **escalera**

star
la **estrella**

station
la **estación**
(las estaciones *pl*)

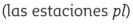

stick
pegar
Stick it onto the paper.
***Péga**lo en el papel.*

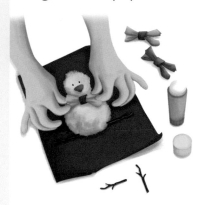

sticker
la **pegatina**

stone
la **piedra**

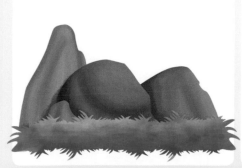

stop
parar
***Stop**, that's enough!*
*¡**Para**, ya basta!*

story
la **historia**

street
la **calle**

strong
fuerte
*She's very **strong**.*
*Es muy **fuerte**.*

sun
el **sol**

supermarket
el **supermercado**

surprise
la **sorpresa**
*What a **surprise**!*
*¡Vaya **sorpresa**!*

swim
nadar
*I can **swim**.*
*Sé **nadar**.*

swimming pool
la **piscina**

a
b
c
d
e
f
g
h
i
j
k
l
m
n
o
p
q
r
s
t
u
v
w
x
y
z

t

tall
alto,
alta
*a very **tall** building*
*un edificio muy **alto***

telephone
el teléfono

table
la mesa

television
la televisión

take
coger
***Take** a card.*
***Coge** una carta.*

taxi
el taxi

text message
el mensaje de texto

tea
el té

talk
hablar
*You **talk** too much.*
***Hablas** demasiado.*

teddy bear
el osito de peluche

thank you
gracias

a b c d e f g h i j k l m n o p q r s **t** u v w x y z

think
pensar
*What **are** you **thinking** about?*
*¿En qué **estás pensando**?*

third
tercero, tercera
*the **third** prize*
*el **tercer** premio*

tie
la corbata

tiger
el tigre

tired
cansado, cansada
*I'm **tired**.*
*Estoy **cansado**.*

toast
las tostadas *pl*

today
hoy
*It's Monday **today**.*
***Hoy** es lunes.*

together
juntos, juntas

toilet
el servicio

tomato
el tomate

tomorrow
mañana
*See you **tomorrow**!*
*¡Hasta **mañana**!*

tooth
el diente

toothbrush
el cepillo de dientes

toothpaste
la **pasta de dientes**

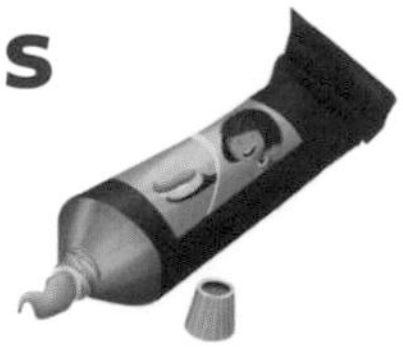

tortoise
la **tortuga**

towel
la **toalla**

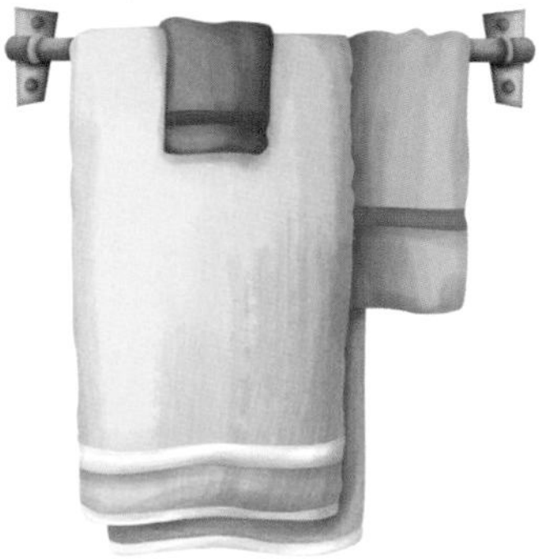

town
la **ciudad**

toy
el **juguete**

tractor
el **tractor**

train
el **tren**

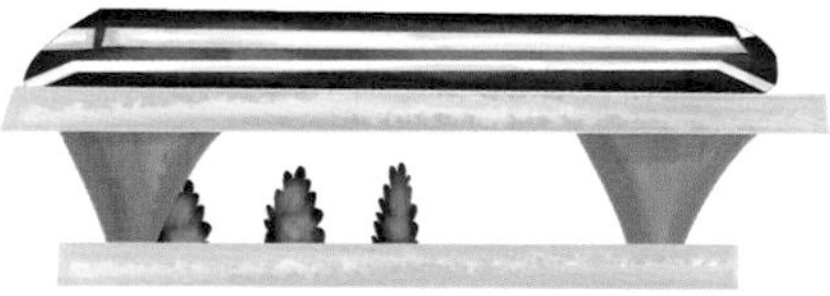

treasure
el **tesoro**

tree
el **árbol**

triangle
el **triángulo**

trousers
los **pantalones** *pl*

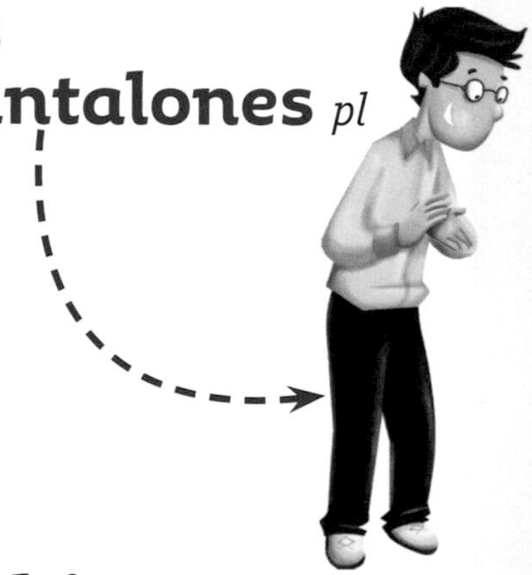

T-shirt
la **camiseta**

a b c d e f g h i j k l m n o p q r s **t** u v w x y z

u

umbrella
el **paraguas**
(los paraguas *pl*)

understand
entender
*I don't **understand**.*
*No **entiendo**.*

uniform
el **uniforme**

up
arriba
*The cat is **up** on the roof.*
*El gato está **arriba** en el tejado.*

upstairs
arriba

v

vanilla
la **vainilla**
*a **vanilla** ice cream*
*un helado de **vainilla***

vegetable
la **verdura**

very
muy
***very** small*
***muy** pequeño*

vet
el **veterinario**,
la **veterinaria**

video game
el **videojuego**

visit
visitar
*We're going to **visit** the castle.*
*Vamos a **visitar** el castillo.*

W

wall
la pared
There are posters on the **wall**.
Hay pósters en la **pared**.

watch
el reloj

water
el agua *f*

wait
esperar
Wait for me!
¡Espérame!

want
querer
Do you want some cake?
¿Quieres un poco de tarta?

wave
la ola

wake up
despertarse
Wake up!
¡Despiértate!

warm
caliente
warm water
agua caliente

wear
llevar
He's wearing a hat.
Lleva un sombrero.

walk
caminar
He walks fast.
Camina rápido.

wash
lavar
Wash your hands!
¡Lávate las manos!

webcam
la webcam
(las webcams *pl*)

website
el sitio web

week
la semana
*I play football every **week**.*
*Juego al fútbol todas las **semanas**.*

weekend
el fin de semana
*I play tennis at the **weekend**.*
*Juego al tenis el **fin de semana**.*

welcome
bienvenido

well
bien
*She played **well**.*
*Jugó **bien**.*

wheelchair
la silla de ruedas

white
blanco, blanca
*My shirt is **white**.*
*Mi camisa es **blanca**.*

wife
la mujer

wild
salvaje
*a **wild** animal*
*un animal **salvaje***

win
ganar
*I always **win**.*
*Siempre **gano**.*

wind
el viento

window
la ventana

a b c d e f g h i j k l m n o p q r s t u v **w** x y z

41

winner
el **ganador,**
la **ganadora**

wolf
el **lobo**

world
el **mundo**

woman
la **mujer**

write
escribir
I'm writing to my friend.
Le estoy escribiendo a
mi amigo.

witch
la **bruja**

word
la **palabra**

with
con
Come with me.
Ven conmigo.

wrong
incorrecto,
incorrecta
This answer is wrong.
Esta respuesta es incorrecta.

work
trabajar
She works in a bank.
Trabaja en un banco.

without
sin
without a coat
sin abrigo

2+2=5

x

y

**young
joven**
(jóvenes *pl*)
*She's **young**.*
*Es **joven**.*

X-ray
la **radiografía**

year
el **año**
*I'm seven **years** old.*
*Tengo siete **años**.*

z

**yellow
amarillo,
amarilla**
*I'm wearing
yellow shorts.
Llevo unos
pantalones
cortos **amarillos**.*

zebra
la **cebra**

xylophone
el **xilófono**

zoo
el **zoo**

**yesterday
ayer**
*I was late **yesterday**.*
***Ayer** llegué tarde.*

Los animales
Animals

el gato
cat

el cocodrilo
crocodile

la **cebra**
zebra

el **elefante**
elephant

la **serpiente**
snake

el pingüino
penguin

la **jirafa**
giraffe

44

el lobo
wolf

el lagarto
lizard

el caballo
horse

la **vaca**
cow

el **perro**
dog

el **león**
lion

el **hipopótamo**
hippo

el **panda**
panda

el **tigre**
tiger

el **pájaro**
bird

el **conejo**
rabbit

el **pez**
fish

la **oveja**
sheep

el **mono**
monkey

el **canguro**
kangaroo

45

La ciudad
Town

la **panadería**
bakery

el **banco**
bank

el **supermercado**
supermarket

la **calle**
street

la **tienda**
shop

el **hospital**
hospital

46 la **estación**
station

la **oficina de correos**
post office

el **parque**
park

el **avión**
plane

el **autobús**
bus

el **tren**
train

el **coche**
car

la **bici**
bike

el **restaurante**
restaurant

el **cine**
cinema

el **museo**
museum

la **acera**
pavement

el **mercado**
market

47

El colegio
School

la **pluma**
pen

la **regla**
ruler

el **alumno**
pupil

la **cartera**
schoolbag

el **patio de recreo**
playground

el **tobogán**
slide

el **tiovivo**
roundabout

el **columpio**
swing

la **clase**
classroom

la **goma**
rubber

el **lápiz**
pencil

el **cuaderno**
exercise book

el **estuche**
pencil case

el **sacapuntas**
sharpener

el **póster**
poster

la **silla**
chair

el **ordenador**
computer

la **mesa**
desk

el **armario**
cupboard

la **pizarra electrónica interactiva**
interactive whiteboard

el **maestro**   49
teacher

La casa
House

el **desván**
attic

el **garaje**
garage

el **jardín**
garden

la **habitación**
bedroom

el **comedor**
dining room

el **cuarto de baño**
bathroom

la **escalera**
stairs

el **salón**
living room

50

el **tejado**
roof

la **cocina**
kitchen

el **despacho**
study

la **puerta**
door

la **ventana**
window

La habitación
Bedroom

el **despertador**
alarm clock

la **cama**
bed

el **juguete**
toy

el **ordenador**
computer

el **reproductor de CDs**
CD player

la **mesilla de noche**
bedside table

la **cómoda**
chest of drawers

la **librería**
bookshelf

las **cortinas**
curtains

el **armario**
wardrobe

la **lámpara**
lamp

el **espejo**
mirror

el **pijama**
pyjamas

la **almohada**
pillow

el **edredón**
duvet

las **zapatillas**
slippers

la **mesa**
desk

51

La comida
Food

las **patatas fritas**
crisps

la **galleta**
biscuit

el **agua** *f*
water

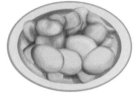
el **plato**
plate

la **taza**
cup

el **cuchillo**
knife

el **tenedor**
fork

52   la **cuchara**
spoon

la **manzana**
apple

la **naranja**
orange

las **zanahorias**
carrots

la **ensalada**
salad

la **mantequilla**
butter

el **queso**
cheese

las **patatas fritas**
chips

el **helado**
ice cream

el **pan**
bread

la **hamburguesa**
burger

el **pollo**
chicken

el **zumo de fruta**
fruit juice

la **leche**
milk

la **pasta**
pasta

el **sándwich**
sandwich

la **pizza**
pizza

el **arroz**
rice

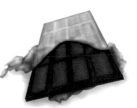
el **chocolate**
chocolate

53

¡Feliz cumpleaños!
Happy birthday!

la **tarta**
cake

la **amiga**
friend

el **amigo**
friend

la **abuela**
grandma

54   el **abuelo**
      granddad

las **patatas fritas**
crisps

la **limonada**
lemonade

el **globo**
balloon

la **cámara**
camera

la **vela**
candle

el **papá**
dad

la **mamá**
mum

la **hermana**
sister

el **hermano**   55
brother

el **regalo**
present

los **caramelos**
sweets

El cuerpo
Body

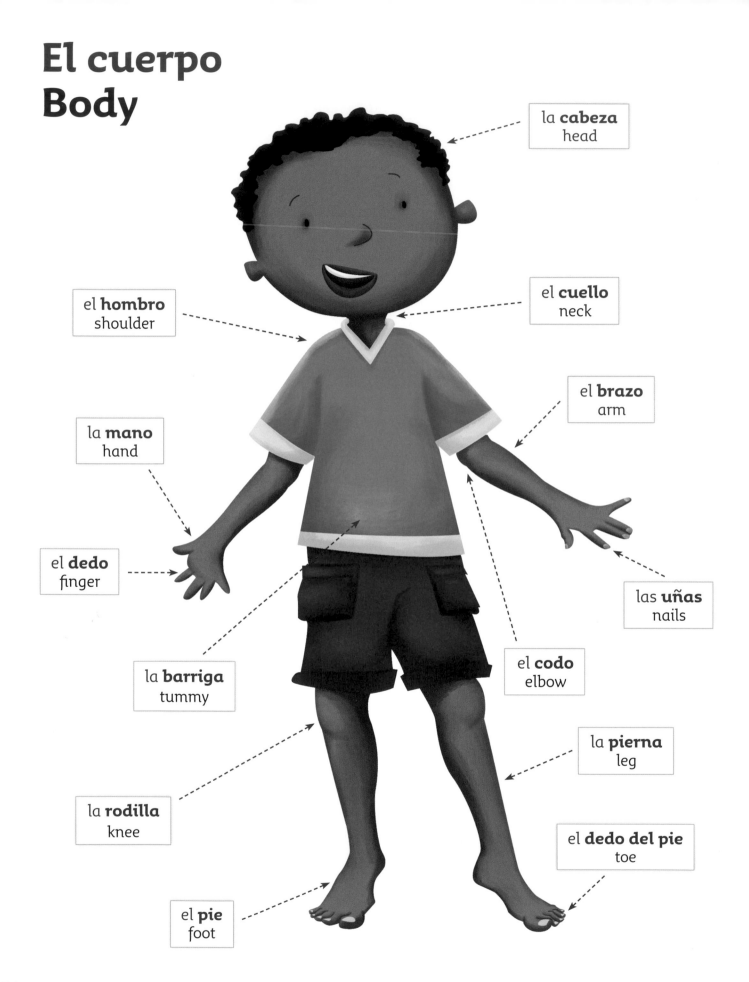

la **cabeza**
head

el **cuello**
neck

el **hombro**
shoulder

el **brazo**
arm

la **mano**
hand

el **dedo**
finger

las **uñas**
nails

la **barriga**
tummy

el **codo**
elbow

la **pierna**
leg

la **rodilla**
knee

el **dedo del pie**
toe

el **pie**
foot

La cara
Face

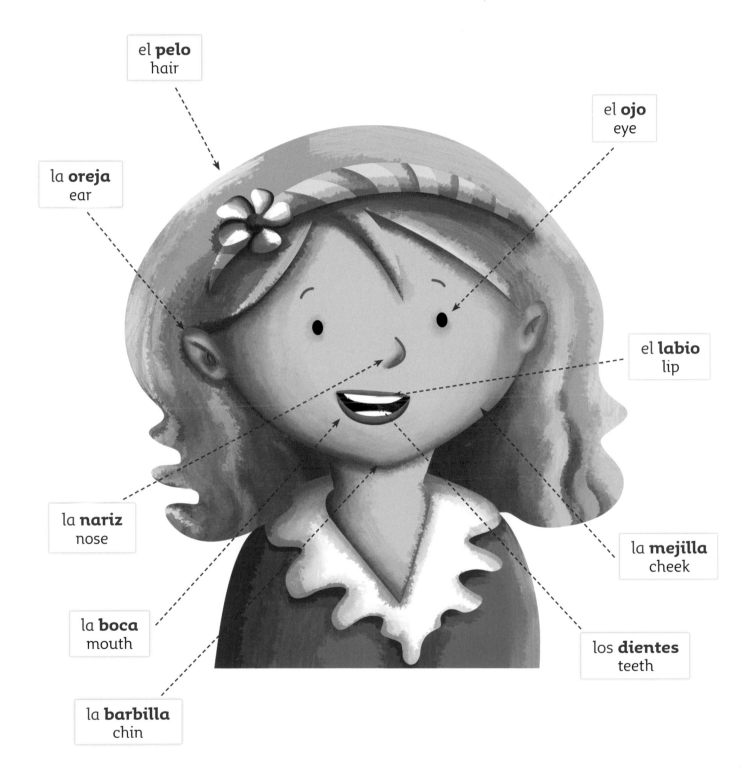

el **pelo**
hair

el **ojo**
eye

la **oreja**
ear

el **labio**
lip

la **nariz**
nose

la **mejilla**
cheek

la **boca**
mouth

los **dientes**
teeth

la **barbilla**
chin

Los colores
Colours

negro, negra
black

azul
blue

marrón
brown

verde
green

gris
grey

azul marino
navy

naranja
orange

rosa
pink

morado, morada
purple

rojo, roja
red

blanco, blanca
white

amarillo, amarilla
yellow

La ropa
Clothes

la **sudadera**
sweatshirt

el **vestido**
dress

la **chaqueta**
jacket

los **vaqueros**
jeans

la **bufanda**
scarf

los **guantes** *mpl*
gloves

el **abrigo**
coat

el **jersey**
jumper

los **zapatos**
shoes

la **camisa**
shirt

los **calcetines**
socks

la **gorra**
cap

las **zapatillas de deporte**
trainers

el **top**
top

las **medias**
tights

los **pantalones**
trousers

la **camiseta**
T-shirt

la **falda**
skirt

el **gorro de lana**
woolly hat

Las descripciones
Describing people

Tengo calor.
I'm hot.

Tengo frío.
I'm cold.

Tengo sueño.
I'm sleepy.

Tengo hambre.
I'm hungry.

Tengo sed.
I'm thirsty.

Estoy contenta.
I'm happy.

Estoy triste.
I'm sad.

Soy inteligente.
I'm intelligent.

61

Las conversaciones
Conversations

Estoy perdida.
I'm lost.

¿Por qué lloras?
Why are you crying?

¡Por favor!
Please!

¡Adiós!
Goodbye!

¡Hola!
Hello!

¿A qué hora empieza el colegio?
When does school start?

¿Cuántos hermanos tienes?
How many brothers and sisters do you have?

A las nueve.
At nine o'clock.

Tengo un hermano y dos hermanas.
I have one brother and two sisters.

63

¿Qué te gusta hacer?
What do you enjoy doing?

Me **gusta...**
I like...

bailar
dancing

cantar
singing

tocar la guitarra
playing guitar

tocar el piano
playing piano

jugar al fútbol
playing football

montar en bici
riding my bike

jugar al baloncesto
playing basketball

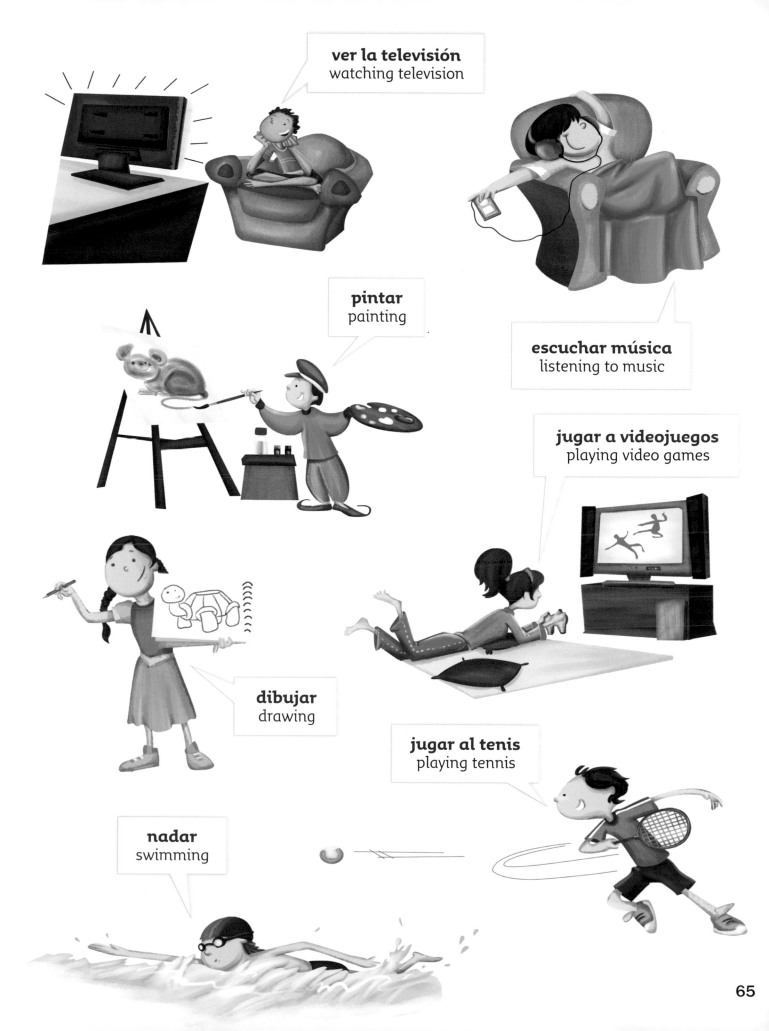

ver la televisión
watching television

pintar
painting

escuchar música
listening to music

jugar a videojuegos
playing video games

dibujar
drawing

jugar al tenis
playing tennis

nadar
swimming

Los meses del año
Months of the year

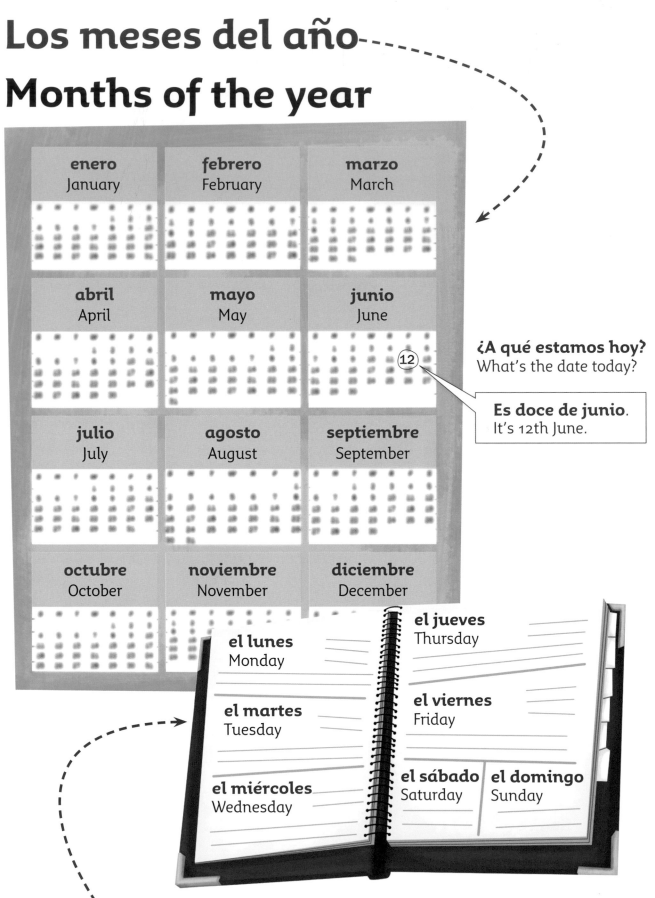

enero
January

febrero
February

marzo
March

abril
April

mayo
May

junio
June

julio
July

agosto
August

septiembre
September

octubre
October

noviembre
November

diciembre
December

¿A qué estamos hoy?
What's the date today?

Es doce de junio.
It's 12th June.

el lunes
Monday

el martes
Tuesday

el miércoles
Wednesday

el jueves
Thursday

el viernes
Friday

el sábado
Saturday

el domingo
Sunday

Los días de la semana
Days of the week

Las estaciones del año
Seasons

la primavera
spring

el verano
summer

el otoño
autumn

el invierno
winter

¿Qué tiempo hace?
What's the weather like?

Está nublado.
It's cloudy.

Hace frío.
It's cold.

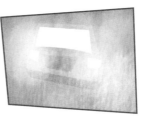

Hay niebla.
It's foggy.

Está helando.
It's icy.

Está nublado.
It's overcast.

Está lloviendo.
It's raining.

Está nevando.
It's snowing.

Hay tormenta.
It's stormy.

Hace viento.
It's windy.

Hace calor.
It's hot.

Hace sol.
It's sunny.

Hace buen tiempo.
It's nice.

Los números
Numbers

0 cero	9 nueve	18 dieciocho	70 setenta
1 uno	10 diez	19 diecinueve	80 ochenta
2 dos	11 once	20 veinte	90 noventa
3 tres	12 doce	21 veintiuno	100 cien
4 cuatro	13 trece	22 veintidós	101 ciento uno
5 cinco	14 catorce	30 treinta	200 doscientos
6 seis	15 quince	40 cuarenta	250 doscientos cincuenta
7 siete	16 dieciséis	50 cincuenta	500 quinientos
8 ocho	17 diecisiete	60 sesenta	1000 mil

¿Qué hora es?
What's the time?

la una
one o'clock

la una y diez
ten past one

la una y cuarto
quarter past one

la una y media
half past one

las dos menos veinte
twenty to two

las dos menos cuarto
quarter to two

¿A qué hora ...?
What time...?

a las once y cuarto
at quarter past eleven

a mediodía
at midday

a la una
at one o'clock

a las seis
at six o'clock

a las nueve menos cuarto
at quarter to nine

a medianoche
at midnight

¿Dónde están?
Where are they?

El perro está **detrás** de
la televisión.
The dog is **behind** the television.

El gato está **arriba**
en el tejado.
The cat is **up** on the roof.

El coche está **delante**
de la casa.
The car is **in front of**
the house.

El ratón está **abajo**
en el sótano.
The mouse is **down**
in the cellar.

El pájaro está **lejos**
del árbol.
The bird is **far away**
from the tree.

El árbol está **cerca**
de la casa.
The tree is **near**
the house.

Va **de** la casa **al**
colegio.
She is going **from** the
house **to** the school.

Está **aquí**.
He is **here**.

Está **allí**.
She is **there**.

Espérame **fuera**.
Wait for me **outside**.

El gato está **en** la caja.
The cat is **in** the box.

Sale **del** jardín.
He is coming **out of** the garden.

Salta **a** la piscina.
He is jumping **into** the pool.

Está **dentro de** la casa.
She's **inside** the house.

El coche tuerce **a la izquierda**.
The car is turning **left**.

La bici tuerce **a la derecha**.
The bike is turning **right**.

El gato está **debajo de** la mesa.
The cat is **under** the table.

El perro está **entre** los dos gatos.
The dog is **between** the two cats.

El banco está **enfrente del** restaurante.
The bank is **opposite** the restaurant.

El perro está **en** el sofá.
The dog is **on** the sofa.

La panadería está **al lado del** supermercado.
The bakery is **next to** the supermarket.

Nouns

Words such as 'apple', 'bedroom' or 'friend' are called **nouns**.

In Spanish, all nouns are either **masculine** or **feminine**. When you use a noun in Spanish, you need to know whether it is masculine or feminine, as this changes the form of other words used with it, like:

- adjectives (such as 'nice', 'blue', 'big') that describe it
- 'the' or 'a' that come before it

Nouns can be **singular** (meaning 'one') or **plural** (meaning 'more than one').

This dictionary shows you the Spanish words for 'the' (this can be **el** or **la** in the singular, and **los** or **las** in the plural):

- **Masculine** words are shown with the article **el** in front.

alphabet
el **alfabeto**

- **Feminine** words are shown with the article **la** in front.

apple
la **manzana**

- Plural words are shown with the article **los** or **las** in front, and are followed by a small '*pl*' for *pl*ural.

scissors
las **tijeras** *pl*

If a Spanish word ends in a vowel (a, e, i, o, u) then you add an **-s** to form the plural (1 gato - 2 gato**s**). If it ends in a consonant you add **-es** (1 animal - 2 animal**es**). If the plural is different to this (like '1 mouse – 2 mice' in English), then this dictionary will give you the plural of the noun, in brackets.

fish
el **pez**
(los peces *pl*)

Adjectives

An **adjective** is a 'describing' word (such as 'nice', 'blue', 'big') which tells you more about a noun.

In Spanish, they mostly come **after** the noun ('a car black'). but the spelling of the adjective changes depending on whether the noun it describes is masculine or feminine.

In this dictionary, you will find the **masculine** and the **feminine** forms, followed by an example:

black
negro, negra
*a **black** car*
*un coche **negro***

Verbs

Words such as 'eat' or 'make' are called **verbs** or 'doing' words. In Spanish the endings in verbs change much more than in English, depending on who is doing the action.

You don't always have to use **I**, **he**, **they** etc in Spanish as the endings tell you who is doing the action.

Here are a few of the main Spanish verbs:

tener	**to have**	**ir**	**to go**
yo **tengo**	I have	yo **voy**	I go
tú **tienes**	you have	tú **vas**	you go
él **tiene**	he has	él **va**	he goes
ella **tiene**	she has	ella **va**	she goes
usted **tiene**	you have	usted **va**	you go
nosotros/as **tenemos**	we have	nosotros/as **vamos**	we go
vosotros/as **tenéis**	you have	vosotros/as **vais**	you go
ellos/ellas **tienen**	they have	ellos/ellas **van**	they go
ustedes **tienen**	you have	ustedes **van**	you go

ser	**to be**	**hacer**	**to make, to do**
yo **soy**	I am	yo **hago**	I make
tú **eres**	you are	tú **haces**	you make
él **es**	he is	él **hace**	he makes
ella **es**	she is	ella **hace**	she makes
usted **es**	you are	usted **hace**	you make
nosotros/as **somos**	we are	nosotros/as **hacemos**	we make
vosotros/as **sois**	you are	vosotros/as **hacéis**	you make
ellos/ellas **son**	they are	ellos/ellas **hacen**	they make
ustedes **son**	you are	ustedes **hacen**	you make

estar	**to be**	**hablar**	**to speak**
yo **estoy**	I am	yo habl**o**	I speak
tú **estás**	you are	tú habl**as**	you speak
él **está**	he is	él habl**a**	he speaks
ella **está**	she is	ella habl**a**	she speaks
usted **está**	you are	usted habl**a**	you speak
nosotros/as **estamos**	we are	nosotros/as habl**amos**	we speak
vosotros/as **estáis**	you are	vosotros/as habl**áis**	you speak
ellos/ellas **están**	they are	ellos/ellas habl**an**	they speak
ustedes **están**	you are	ustedes habl**an**	you speak

In this dictionary, all verbs have examples to show you how to use them.

Index

A, a

abajo: downstairs

el abrigo: coat

abrir: open

acordarse de: remember

adiós: goodbye

el adulto: adult

el aeropuerto: airport

el agua *f*: water

ahora: now

el alfabeto: alphabet

alto, alta: loud, tall

amable: kind

amarillo, amarilla: yellow

la ambulancia: ambulance

el amigo, la amiga: friend

el anillo: ring

el animal: animal

el año: year

antes de: before

aprender: learn

aquí: here

la araña: spider

el árbol: tree

el arco iris: rainbow

la arena: sand

arriba: up, upstairs

el arroz: rice

el autobús: bus

el avión (los aviones): plane

ayer: yesterday

azul: blue

B, b

bailar: dance

el balón: ball

el baño: bath

el barco: boat

el bebé: baby

la bebida: drink

el beso: kiss

la bicicleta: bicycle

bien: well

blanco, blanca: white

la boca: mouth

el bolígrafo: pen

el bolsillo: pocket

el bolso: bag

bonito, bonita: pretty

el bosque: forest

la bota: boot

el brazo: arm

la bruja: witch

bueno, buena: good

C, c

el caballo: horse

la cabeza: head

la cabra: goat

el cachorro: puppy

el café: coffee

la caja: box

el calcetín (los calcetines): sock

el calendario: calendar

caliente: hot, warm

la calle: road, street

la cama: bed

caminar: walk

la camisa: shirt

la camiseta: T-shirt

el campo: countryside

cansado, cansada: tired

cantar: sing

la cara: face

el caracol: snail

la carne: meat

la carrera: race

la carta: letter

el cartero: postman

la casa: house

el castillo: castle

la cebra: zebra

la cena: dinner

el cepillo de dientes: toothbrush

la cesta: basket

la chaqueta: jacket

el chocolate: chocolate

el cielo: sky

el circo: circus

el círculo: circle

la ciudad: town

el coche: car

la cocina: kitchen

cocinar: cook

coger: take

el cohete: rocket

el colegio: school

los columpios: playground

comer: eat

la cometa: kite

la comida: food, lunch, meal

comprar: buy

con: with

el conejillo de Indias: guinea pig

el conejo: rabbit

contento, contenta: happy

la corbata: tie

el cordero: lamb

correcto, correcta: right

correr: run

crecer: grow

el cuadrado: square

el cubo: bucket

la cuchara: spoon

el cuchillo: knife

el cuerpo: body

el cumpleaños (los cumpleaños): birthday

D, d

dar: give

de: from, of

los deberes: homework

decir: say

el dedo: finger

el **delfín**: dolphin

el **deporte**: sport

el **desayuno**: breakfast

el **desorden**: mess

despertarse: wake up

después de: after

el **día**: day

dibujar: draw

el **dibujo**: picture

el **diccionario**: dictionary

el **diente**: tooth

difícil: difficult

el **dinero**: money

el **dinosaurio**: dinosaur

el **disfraz** (los **disfraces**): costume

divertido, divertida: funny

dormir: sleep

el **dragón** (los **dragones**): dragon

la **ducha**: shower

duro, dura: hard

el **DVD** (los **DVDs**): DVD

E, e

el **ejercicio**: exercise

el **elefante**: elephant

el **email**: email

encontrar: find

encontrarse con: meet

el **enfermero**, la **enfermera**: nurse

enfermo, enferma: sick

enseñar: show

entender: understand

enviar: send

el **erizo**: hedgehog

la **escalera**: stairs

esconderse: hide

escribir: write

escuchar: listen

esperar: wait

la **estación** (las **estaciones**): station

la **estrella**: star

el **extraterrestre**: alien

F, f

fácil: easy

la **falda**: skirt

la **familia**: family

el **fantasma**: ghost

favorito, favorita: favourite

la **fiesta**: party

el **fin de semana**: weekend

la **flor**: flower

la **foto**: photo

el **frigorífico**: fridge

frío, fría: cold

la **fruta**: fruit

el **fuego**: fire

los **fuegos artificiales**: fireworks

fuerte: strong

el **fútbol**: football

G, g

las **gafas**: glasses

el **ganador**, la **ganadora**: winner

ganar: win

el **garaje**: garage

el **gatito**: kitten

el **gato**: cat

la **gente**: people

el **gigante**: giant

el **globo**: balloon

gracias: thank you

grande: big

gritar: shout

el **guante**: glove

el **guisante**: pea

la **guitarra**: guitar

gustar: like

H, h

la **habitación** (las **habitaciones**): bedroom, room

hablar: speak, talk

hacer: do, make

la **hada**: fairy

la **hamburguesa**: burger

el **hámster** (los **hámsters**): hamster

el **helado**: ice cream

el **helicóptero**: helicopter

la **hermana**: sister

el **hermano**: brother

la **hierba**: grass

la **hija**: daughter

el **hijo**: son

la **historia**: story

hola: hello

el **hombre**: man

la **hora**: hour

el **hospital**: hospital

hoy: today

el **huevo**: egg

I, i

la **idea**: idea

incorrecto, incorrecta: wrong

el **insecto**: insect

ir: go

la **isla**: island

J, j

el **jabón**: soap

el **jardín** (los **jardines**): garden

la **jirafa**: giraffe

joven, jóvenes: young

el **juego**: game

jugar: play

el **juguete**: toy

juntos, juntas: together

L, l

el **lago**: lake

la **lámpara**: lamp

el **lápiz** (los **lápices**): pencil

lavar: wash

la **leche**: milk

leer: read

lento, lenta: slow

el **león** (los **leones**): lion

el **libro**: book

el **limón** (los **limones**): lemon

limpio, limpia: clean

listo, lista: ready

llamar: call

la **llave**: **key**

lleno, llena: **full**

llevar: **wear**

llorar: **cry**

la **lluvia**: **rain**

Lo siento: **sorry**

el **lobo**: **wolf**

la **luna**: **moon**

la **luz** (las **luces**): **light**

M, m

la **madre**: **mother**

el **mago**: **magician**

malo, mala: **bad**

la **mamá**: **mum**

la **mañana**: **morning, tomorrow**

la **mano** *f*: **hand**

la **manta**: **blanket**

la **mantequilla**: **butter**

la **manzana**: **apple**

el **mar**: **sea**

el **marido**: **husband**

la **marioneta**: **puppet**

la **mariposa**: **butterfly**

más: **more**

la **mascota**: **pet**

la **medicina**: **medicine**

el **médico**, la **médica**: **doctor**

menos: **less**

el **mensaje de texto**: **text message**

el **mercado**: **market**

la **mermelada**: **jam**

el **mes**: **month**

la **mesa**: **table**

mirar: **look**

mismo, misma: **same**

el **mono**: **monkey**

el **monstruo**: **monster**

la **montaña**: **mountain**

la **moqueta**: **carpet**

la **mosca**: **fly**

la **moto**: **motorbike**

muchos, muchas: **many**

la **mujer**: **wife, woman**

el **mundo**: **world**

la **muñeca**: **doll**

el **muñeco de nieve**: **snowman**

la **música**: **music**

muy: **very**

N, n

nada: **nothing**

nadar: **swim**

la **nariz** (las **narices**): **nose**

la **nave espacial**: **spaceship**

necesitar: **need**

negro, negra: **black**

la **nieve**: **snow**

la **niña**: **girl**

el **niño**: **boy**

el **niño**, la **niña**: **child, kid**

la **noche**: **night**

el **nombre**: **name**

la **nube**: **cloud**

el **número**: **number**

O, o

oír: **hear**

el **ojo**: **eye**

la **ola**: **wave**

oler: **smell**

el **ordenador**: **computer**

la **oreja**: **ear**

el **osito de peluche**: **teddy bear**

otra vez: **again**

otro, otra: **other**

la **oveja**: **sheep**

P, p

el **padre**: **father**

los **padres**: **parents**

la **paga**: **pocket money**

la **página**: **page**

el **pájaro**: **bird**

la **palabra**: **word**

los **palillos chinos**: **chopsticks**

el **pan**: **bread**

los **pantalones**: **trousers**

los **pantalones cortos**: **shorts**

el **papá**: **dad**

el **papel**: **paper**

el **paraguas** (los **paraguas**): **umbrella**

parar: **stop**

la **pared**: **wall**

el **parque**: **park**

el **pasaporte**: **passport**

la **pasta**: **pasta**

la **pasta de dientes**: **toothpaste**

la **patata**: **potato**

el **pato**: **duck**

el **payaso**: **clown**

el **pegamento**: **glue**

pegar: **stick**

la **pegatina**: **sticker**

peligroso, peligrosa: **dangerous**

el **pelo**: **hair**

el **peluquero**, la **peluquera**: **hairdresser**

pensar: **think**

pequeño, pequeña: **little**

perder: **lose**

perdido, perdida: **lost**

el **periódico**: **newspaper**

el **perro**: **dog**

el **pez** (los **peces**): **fish**

el **pez de colores** (los **peces de colores**): **goldfish**

el **piano**: **piano**

el **picnic**: **picnic**

la **piedra**: **stone**

la **piel**: **skin**

la **pierna**: **leg**

el **pijama**: **pyjamas**

pintar: **paint**

el/la **pirata**: **pirate**

la **piscina**: **swimming pool**

la **pizza**: **pizza**

la **planta**: **plant**

el **plátano**: **banana**

el **plato**: **plate**

la **playa**: **beach**

la **policía**: **police**

el **pollo**: **chicken**

el **póney** (los **póneys**): **pony**

el **portátil**: **laptop**

la **postal**: **postcard**

el **postre**: dessert

preguntar: ask

primero, primera: first

la **princesa**: princess

el **príncipe**: prince

próximo, próxima: next

el **puente**: bridge

la **puerta**: door

Q, q

quedarse con: keep

querer: love, want

el **queso**: cheese

R, r

la **radio**: radio

la **radiografía**: X-ray

la **rana**: frog

rápido, rápida: fast, quick

el **ratón** (los **ratones**): mouse

el **regalo**: present

la **reina**: queen

reírse: laugh

el **reloj**: clock, watch

el **restaurante**: restaurant

el **rey**: king

rico, rica: rich

el **río**: river

el **robot** (los **robots**): robot

la **rodilla**: knee

rojo, roja: red

el **rompecabezas** (los **rompecabezas**): jigsaw

la **ropa**: clothes

el **ruido**: noise

S, s

saber: know

saltar: jump

salvaje: wild

el **sándwich**: sandwich

segundo, segunda: second

la **semana**: week

la **señora**: lady

sentarse: sit

la **serpiente**: snake

el **servicio**: toilet

la **silla**: chair

la **silla de ruedas**: wheelchair

la **sillita de paseo**: pushchair

simpático, simpática: nice

sin: without

la **sirena**: mermaid

el **sitio web**: website

el **sofá**: sofa

el **sol**: sun

la **sombra**: shadow

el **sombrero**: hat

la **sonrisa**: smile

la **sopa**: soup

la **sorpresa**: surprise

sucio, sucia: dirty

el **suelo**: floor, ground

el **sueño**: dream

el **supermercado**: supermarket

T, t

la **tarde**: afternoon, evening

la **tarjeta**: card

la **tarta**: cake

el **taxi**: taxi

el **té**: tea

el **teléfono**: telephone

la **televisión**: television

el **tenedor**: fork

tener: have

tercero, tercera: third

el **tesoro**: treasure

la **tienda**: shop

la **Tierra**: Earth

el **tigre**: tiger

las **tijeras**: scissors

la **toalla**: towel

todos, todas: every

el **tomate**: tomato

la **tortuga**: tortoise

las **tostadas**: toast

trabajar: work

el **trabajo**: job

el **tractor**: tractor

traer: bring

tranquilo, tranquila: quiet

el **tren**: train

el **triángulo**: triangle

triste: sad

U, u

único, única: only

el **uniforme**: uniform

las **uvas**: grapes

V, v

la **vaca**: cow

las **vacaciones**: holiday

vacío, vacía: empty

la **vainilla**: vanilla

los **vaqueros**: jeans

el **vaso**: glass

el **vecino, la vecina**: neighbour

la **vela**: candle

vender: sell

venir: come

la **ventana**: window

ver: see

la **verdura**: vegetable

el **vestido**: dress

el **veterinario, la veterinaria**: vet

el **videojuego**: video game

viejo, vieja: old

el **viento**: wind

visitar: visit

vivir: live

W, w

la **webcam** (las **webcams**): webcam

X, x

el **xilófono**: xylophone

Y, y

y: and

Z, z

la **zanahoria**: carrot

el **zapato**: shoe

el **zoo**: zoo

el **zumo**: juice